O HÁBITO DA ORAÇÃO E A LEI DO KARMA

O HÁBITO DA ORAÇÃO E A LEI DO KARMA

ALVIN BOYD KUHN, Ph. D.

O HÁBITO DA ORAÇÃO E A LEI DO KARMA

Tradução
NAIR LACERDA

EDITORA PENSAMENTO
SÃO PAULO

Título do original:
Prayer and Healing

Edição	Ano
1-2-3-4-5-6-7-8-9	86-87-88-89-90-91-92-93

EDITORA PENSAMENTO LTDA.

Rua Dr. Mário Vicente, 374 – 04270 São Paulo, SP – fone: 63-3141

Impresso em nossas oficinas gráficas.

INTRODUÇÃO

"Quanto mais penso nisso", disse Ruskin, "mais encontro essa conclusão impressa em mim — a de que a maior coisa que uma alma humana chega a fazer neste mundo é *ver* algo, e contar o que *viu* de uma forma simples." Nas páginas que seguem, a mente erudita do Dr. Kuhn conta-nos umas tantas coisas que *viu*, coisas que cada mente pensante deveria observar e considerar.

Todo adulto pode muito bem distinguir entre "religião" e "teologia", precisamos separar as duas coisas em nossas mentes e compreender que muitas das doutrinas e crenças que herdamos foram estruturadas há séculos, com o propósito de fortalecer e perpetuar o poder do clero. A Verdade *real* dói, mas é tempo de buscarmos essa Verdade, porque, conforme se disse, muito sensatamente, "não há religião superior à Verdade".

Por trás do Universo, com sua multidão de sóis e mundos, subjacente a todas as atividades cósmicas, guiando a evolução da própria vida, há um Poder, uma Força ou uma Mente reconhecida como Causa Primeira. Esse "Ser Supremo" é chamado de "Deus". Filósofos de todos os tempos têm refletido sobre o problema, e chegaram à conclusão de que "Deus" é "incognoscível".

Entretanto, a teologia nos ensina que, se orarmos, se rogarmos, se solicitarmos ou suplicarmos a esse "Deus", com bastante vigor e com suficiente "fé", "Ele" pode ser persuadido a atender nossos pedidos, independentemente dos nossos méritos. Esse "Deus", porém, que o clero afirma representar, não é um Deus ao alcance do homem. Esse Poder e Mente Infinitos devem residir no centro da criação; ninguém duvidará disso. Ele manipula todas as forças, e Dele flui toda a vida. O homem, contudo, não tem comunicação com Ele, isto é, ninguém pode ser iniciado a partir desse fim. O Dr. Kuhn torna claro que a suposição de que as orações são ouvidas e respondidas por um Poder Cósmico Divino é inteiramente destituída de base, e deverá ser substituída por uma hipótese mais sensata. Ele fornece-nos a chave dessa hipótese.

Dentro de cada pessoa há uma "fagulha" ou unidade de participação na própria vida de Deus. O espírito interior está "mais íntimo do que a respiração, mais próximo do que as mãos e os pés". Esse é o Deus com o qual o homem pode se comunicar. Tanto os elementos humanos como os divinos estão dentro dos limites de desenvolvimento de cada pessoa. O espírito interior reside em todos os seres, dando-lhes vida e consciência. Chamem-no "alma", "mente consciente", "mente superconsciente", "ego", ou utilizem qualquer outro termo que desejarem. Quando nos dirigimos ao "Nosso Pai que está no Céu", estamos nos dirigindo a esse espírito interior que é nosso, e o único Espírito Divino com o qual temos alguma comunhão e que, como diz o Dr. Kuhn, pode-se dizer que está "falando conosco mesmos". A prece é saudável e inofensiva na medida em que serve para "sugerir" ao nosso eu interior certas condições desejáveis, que, com o nosso próprio esforço, poderão chegar à realização. E pode mesmo ser "respondida" — se fizermos a nossa parte e o nosso dever.

O ponto principal deste recente trabalho do Dr. Kuhn enfatiza o valor da ***ação*** correta e da autoconfiança. Tal como Arnold Bennett escreveu certa vez (efetivamente) — o que a pessoa humana precisa é de pôr-se de lado e dar a si própria "uns poucos e vigorosos pontapés no fundilho das calças", e fazer algo por si mesma — ao que acrescentaríamos: "em vez de suplicar a Deus que faça o trabalho que a ela compete e que a livre de sua própria ignorância e de seus erros".

Os comentários do Dr. Kuhn sobre as crenças religiosas irão, sem dúvida, desagradar a muitos leitores religiosos. Ainda assim, qualquer pessoa que pense deve chegar à conclusão de que há muita verdade no que ele diz. Não é propósito deste trabalho sabotar qualquer forma de religião; antes, ele quer fazer sentir que a única forma de vida religiosa é a do desenvolvimento individual, a do aperfeiçoamento da própria vida da pessoa. O grande erro da Teologia tem sido ensinar que é possível obter bênçãos pela súplica (pela oração), com insuficiente ênfase sobre o fato óbvio de que nenhuma outra pessoa pode fazer o trabalho de desenvolvimento por nós. Cada qual deve cultivar a própria alma.

"NÃO TE ILUDAS", disse Paulo, "DE DEUS NÃO SE ZOMBA, porque aquilo que um homem semeia é o que ele colherá" (Gl, 9:7). Na sua tentativa de evitar os transtornos que sua própria maneira de viver lhe tenha trazido, o homem acalenta a crença de que um apelo ao Poder Divino resultaria numa condição melhor e mais feliz para ele. Para que esse estado chegue, entretanto, isso depende, em última análise, do que o próprio homem ***faz*** para melhorar sua condição de vida.

Não se pode negar que este seja um universo de precisão, de "causa e efeito". Em suas operações físicas, a Natureza responde com exatidão. Em suas operações espirituais, ela, da mesma forma, não tem hábitos inconvenientes. Não há ação ou feito, seja bom ou mal, que não receba a sua justa recompensa, ou punição, no momento devido! Se quisermos bênçãos e "recompensas", os livros-guias de todas as grandes religiões dizem que devemos *ganhá-las* através do tipo de vida que levamos. Nada mais simples! Bênçãos e "recompensas" não vêm para nós através de qualquer outro método — não pelas orações pedindo perdão, nem por qualquer solicitação nossa no sentido de que as leis naturais sejam suspensas ou postas de lado para nós, nem por algum gracioso ato posterior de um "salvador", pois Ele próprio ensinou — "então Ele recompensará cada homem de acordo com as suas obras".

A Lei não tem favoritos. O único "destino" que encontramos é o que fizemos para nós mesmos. É tempo de nos livrarmos do estado de transe hipnótico em que vivemos e de passar a pensar corretamente. Não aceitem, contudo, a minha palavra sobre isso — continuem lendo as páginas que seguem.

LAURENCE P. FOLSOM, Ph. D. em Teosofia

ORAÇÃO E CURA
UMA EXEGESE RACIONAL

Em sua excelente ***History of Christianity***, Dean Milman fala da "tirania exercida sobre a mente humana em nome da religião". Essa tirania vem tomando uma ampla variedade de formas, impondo sobre a mente coletiva da raça um vasto aglomerado de concepções, crenças e persuasões sobre as relações entre o homem e a divindade, relações essas que se têm mostrado psicologicamente desastrosas. Destacando-se entre essas tirânicas imposições, estão idéias tais como as da existência de um demônio pessoal, que age sempre para derrotar o plano divino para a humanidade; a de um antropomórfico criador e divindade; a doutrina da queda do homem e do conseqüente pecado inato à sua natureza; a total impotência do homem para realizar sua própria "salvação", e, portanto, a necessidade de conseguir esse fim atirando-se à terna misericórdia do seu Criador e aceitando que Ele lhe dê uma forma de fuga através do sacrifício do sangue de seu próprio filho, que, voluntariamente, foi o bode expiatório dos pecados do homem; a crença na existência futura da alma, no céu ou no inferno, depois de um julgamento ***post-mortem***, com o gozo de uma perpétua bem-aventurança numa região, ou de tormento atroz, na outra; e milhares de idiossincrasias maiores ou menores da angustiosa Teologia que, durante dois mil anos, realizou, sobre a consciência universal, uma extravagante estultificação da razão, e que, no total das suas conseqüências, se a sua colossal inépcia chegar a ser reconhecida um dia, irá ser classificada como a mais devastadora praga psicológica e como o flagelo da sanidade humana que varreu a raça, em toda a sua história. Pelo menos desde o terceiro século cristão, essa vassoura de demência teológica fez seu trabalho, idade após idade, cegando os olhos da infância de cada geração com a sua poeira fatal e impressionando a velhice de cada era com um entorpecimento mental, que assim se tornou a herança inviolada de cada ser humano. Sua obsessão mórbida a respeito da influência demoníaca e da consciência do pecado, instalada como um pálio de mau presságio sobre milhões de almas, afastou-as do próprio sol da vida para os cubículos dos conventos e dos mosteiros. Nem mesmo o corpo do homem escapou à convicção pavorosa, pois foi proclamado como o próprio instigador dos maus impulsos, o arquiinimigo do espírito, o vil tentador, o abominável contraditor de Deus, repleto de lúbrica concupiscência, capaz de seduzir a própria alma. Tão mortal era a sua instigação ao pecado que nenhuma cor seria suficiente para cobrir tão crua indecência, a não ser o negro mais sombrio.

Da lista das funestas alucinações acima enumeradas, uma foi retirada momentaneamente, para ser citada agora como tema desta brochura: ***o culto da oração***. Há uma razão para analisá-la porque, apesar de seu amplo alcance como hábito universal, não está provado que mereça a classificação de a mais nociva do lote. Talvez não tenha causado prejuízo maior ao intrépido espírito natural da raça do que o que veio do fascínio da consciência do pecado. A oração se mantém tão próxima em analogia de afinidade mental com esse último que o poder de um é, essencialmente, o poder do outro. Mas tem sido, e continua a ser, eternamente, a mais ativa e persistente força da consciência cotidiana das massas, jamais permitindo que a alma da vida escape de sua obscurecedora sombra para banhar-se em pleno Sol, em pleno ar do mundo. Onde a religião fixou os seus hábitos rotineiros, ela reforça, com um sino que faz lembrar, pela manhã, ao meio-dia, e à tarde — três vezes por dia — seu sussurrante fascínio sobre os devotos piedosos. No caso de afrouxamento dessa piedade, e que ela se perca em sua conta, ali está o rosário para certificar à divindade o quanto a alma fiel e leal se fustigou para a devoção.

Uma sondagem de pesquisa nas raízes do culto humano da oração seria um exame do mais revelador caráter. Levaria a mente para a profundidade do recesso da consciência humana, recuando bastante até o desenvolvimento primitivo, e revelaria o homem nos mais íntimos e elementares aspectos do seu ser. Tal investigação, tendemos a crer, forneceria à inteligência de hoje abundante razão para inverter por completo a idéia da prece, de sua condição comumente aceita como a mais excelsa das virtudes, para algo que se aproximaria da mais abjeta e degradante ignomínia humana.

Que tão arrasadora revolução na estimativa da característica da prece na religião não tenha sido até o presente sugerida ou empreendida deve-se ao fato de ter sido ela um elemento em todos os cultos religiosos, pelos quais a mente humana sempre se orientou de forma especial e extraordinária. A religião pode ser definida, e não impropriamente, como aquele departamento da sensibilidade humana no qual a mente, para apreender os valores procurados, ou obter as experiências que acredita atingíveis, ergue-se acima da sua postura habitual em relação à realidade, e luta para projetar-se num mundo bem diverso, onde se manifestará uma ordem de fenômenos completamente diferentes. As faculdades através das quais a mente humana avalia as suas experiências normais no mundo são postas de lado, e a consciência se abre a uma outra forma de experiência, a que se chega por intermédio de uma série bastante extraordinária e especial de formas perceptivas e de reações psicológicas, pelas quais a pessoa se julga capaz de receber inteligência e tornar-se suscetível às influências que emanam do que se supõe ser um mundo superior. Isso é habitualmente expresso na afirmação de que a experiência religiosa, para sê-lo apropriadamente, deve ter caráter e fonte transcendentais, isto é, deve elevar a sensibilidade a uma região em que haja uma conscientização de caráter totalmente diferente da conscientização da nossa postura habitual no realismo cotidiano.

A religião tem sido desafiada, quase que universalmente, a nos elevar deste mundo de coisas normais para o domínio do milagre, da magia e do sobrenatural. Portanto, nem as normas comuns da realidade, nem as normas comuns da razão e do entendimento, nem mesmo as conhecidas leis da natureza, são tidas como um critério decisivo de experiência nesse campo excepcional. Acredita-se que tais coisas devam ser postas de lado, anuladas, ou "transcendidas" por outras formas e normas, consoantes com outro coeficiente de consciência, com outro grau de ser. A experiência religiosa, por essa razão, sempre foi categorizada como "irracional", como transcendendo ao racional. Na religião, passamos do racional para o místico, e, nessa região de experiência, o espírito eleva-se, livre das condições que governam os conhecimentos conscientes do mundo cotidiano comum, e perambula, em jubilosa liberdade, por um mundo onde eventos de caráter sobrenatural podem sobrevir a qualquer momento. Em conseqüência, em cada era, o grande campo da religião tem levado a germinar suas abundantes colheitas de fenômenos milagrosos, de prodígios e de magia. E a chave principal, que foi aceita e utilizada como o "abre-te sésamo" para os portais de entrada nessa região maravilhosa de magia e mistério, é a divina eficácia da oração.

É de se supor que o culto da oração tenha surgido — revelando, portanto, simplesmente todo o senso de dependência do homem em relação ao seu criador — tão naturalmente quanto uma criança volta-se com absoluta confiança para os autores de seus dias, para pedir-lhes tudo quanto deseja. Assim o homem, como filho do seu grande Pai, volta-se com a mesma confiança para o poder que lhe deu vida, e procura todas as coisas desejáveis nessa fonte. Mas isso diz respeito, não só por analogia mas por estrita realidade, à infância. O homem jamais emergirá da sua infância? "Quando me tornei homem", diz São Paulo, "abandonei as coisas de menino." A oração poderia ser considerada como de natural conveniência quando a raça estava em sua infância. Mas a infância passa, e o homem adulto aprende a manter-se sobre seus próprios pés e descarta o espírito e a índole da infância. Talvez que a única justificativa para a oração consista na conveniência de seu uso na infância. É possível que se argumente no sentido de que o homem nunca deixe de ser "o filho de Deus", e que, portanto, o tema da oração é sempre conveniente e apropriado para a humanidade.

Seguramente, porém, a motivação psicológica do homem na infância está destinada a dar lugar a uma atitude e a um curso de ação diferentes em sua maturidade racial. A criança rezará, mesmo que o faça formalmente, apenas pelo simples desejo de auxílio e proteção, em sua completa dependência do poder criador, sem racionalizar esse relacionamento. Por outro lado, a humanidade adulta, se considerasse que essa expressão formal de seu senso de dependência num poder cósmico fosse necessária, rezaria com disposição de espírito e aura de percepções inteligentes, algumas das quais poderiam realmente dar origem até mesmo a uma indagação sobre se qualquer petição patente e formal seria necessária, ou proveitosa, sob qualquer aspecto. Se a oração foi pertinente a um estágio elementar do desenvolvimento racial, será justo e natural que o hábito deva ser descartado quando a inteligência adulta entrar em ação, tal como o homem adulto deverá cessar de correr para junto de seus pais com pedidos para todas as suas necessidades de favores ou de ajuda. O apego à oração de há muito deveria ter dado lugar ao senso de autoconfiança e ao hábito do auto-auxílio, sendo essa transição tão natural e necessária para a raça, como unidade, como para o indivíduo. É óbvio que o apego persistente do mundo religioso ao culto da oração revela, portanto, o fracasso da raça, que ainda não saiu de seu estágio infantil. Ainda corremos para o nosso Pai celestial com todos os nossos pequenos problemas e perplexidades.

Não é muito simples definir o que é a oração. Sua significação deve ser colocada em níveis diferentes do entendimento mental. Se à criança comum se pedisse uma definição, ela diria, provavelmente, que orar é pedir alguma coisa a Deus. Uma criança um tanto mais velha talvez se arriscasse a dizer que orar é suplicar a Deus que nos conceda bênçãos. A resposta de uma criança ainda mais ponderada poderia ser: a oração é um pedido a Deus para que nos faça melhores do que somos. Essas formas de definição aproximam-se daquilo que a palavra geralmente significa para a mente comum. Dessa forma, ela pode ser corretamente definida como sendo a solicitação de bênçãos feita pelo homem a Deus.

Porém, uma outra definição de um tipo bastante diverso vem por parte da religião mística. Baseada na experiência subjetiva da consciência humana, em seus mais altos pontos de exaltação na meditação, diz ela que a oração está muito além do simples pedido a Deus de concessão de benefícios. Das culminâncias das rapsódias místicas e dos êxtases dos santos, tal visão afirma que a oração, em sua forma mais pura, é o embriagador deleite da alma humana ao sentir-se em completa e livre comunhão com o espírito do próprio Deus. Mais do que pedir a Deus, seja o que for, a oração é, de fato, a jubilosa e livre entrega da alma inteira, completa e irrestrita a Deus. É o rompimento das últimas barreiras entre a sua existência independente e a totalidade de Deus; é o encontro de sua própria inteireza e bem-aventurança, na percepção de sua unidade total com a Alma cósmica de tudo. Nesse sentido, que é considerado como a sua mais autêntica definição, a oração não é súplica à divindade por favores, mas a comunhão elevada da alma com a divindade.

É a esse ponto que uma análise crítica desse assunto deve apresentar algumas considerações nos termos mais rígidos possíveis. A necessidade de uma crítica vigorosa brota da confusão de duas coisas que se devem manter separadas, ou da inclusão de duas coisas separadas sob um mesmo termo, ou da falha no instituir uma distinção clara entre as duas, dando a cada uma delas a sua apropriada e distintiva designação. As duas coisas a que nos referimos são a oração e a contemplação mística. Na ideologia religiosa, a definição de oração estendeu-se por um campo tão amplo que chegou a abarcar os mais arrebatados êxtases das exaltações místicas. O que se sustenta aqui é a ilegitimidade disso, porque as duas coisas são totalmente diferentes, a ponto de não haver justificativa para a sua identificação, nem para serem unidas sob o mesmo nome. Os recursos da linguagem são, com certeza, apropriados para a tarefa de dar a cada qual seu termo distintivo apropriado. A oração *é* um pedido de favores à divindade. Não é possível negar isso com êxito. A contemplação mística realmente se eleva acima desse nível, e tanto que nenhum elemento de petição macula a cristalina pureza do seu espírito fascinado. Portanto, as duas coisas não têm quase nenhum elemento em comum. Por isso, é errado submetê-las à mesma denominação — oração.

É necessário que essa distinção seja esclarecida neste ponto, de forma que não se deixe fundamento algum para que se diga que nossa crítica constitui um ataque a um dos mais sagrados aspectos da natureza religiosa do homem. É difícil imaginar que qualquer alma profundamente sincera ou qualquer mente sensível aos valores místicos mais exaltados registrará um protesto contra a alta categoria, a genuína avaliação do caráter quase divino do curso de experiências espirituais vividas pelas almas santificadas, desde os monges budistas, passando pelos contemplativos medievais, como Tauler, Juan de la Cruz, Ruysbroeck, São Martinho, Madame Guyon, Jacob Boehme, até os modernos devotos da Ioga, seja no Oriente, seja no Ocidente. Tais experiências, edificantes e santificadoras, são fenômenos que ocorrem com pessoas que estão nos mais altos estágios de ascensão para a sua divinização. Pois não está dito que todos nós nos tornaremos deuses? Nem uma só palavra será encontrada neste estudo em detrimento de possibilidades místicas, sejam elas quais forem, que se manifestam no desdobramento progressivo da natureza divina do homem. Os que são suscetíveis a tais elevações da consciência registram-nas como propiciatórias da mais verdadeira experiência de comunhão do homem com a alma da divindade. Aos que têm a bênção da sua incidência, elas apresentam as suas próprias e indiscutíveis credenciais de autenticidade, e, por isso, trazem consigo o seu certificado de legitimidade. Este ensaio não faz ataques às mais altas indicações da identificação da alma do homem com a divina alma do mundo.

O que se sustenta aqui, contudo, é o fato de ser bastante errado ampliar ou estender a definição da palavra "oração" para incluir nela tão grande série de experiências, porque essa palavra de há muito perdeu o direito de ser considerada genericamente como a sua designação apropriada. É preciso insistir em que essa generalização de uso comum ligou irrevogavelmente a palavra "oração" à idéia de um pleito junto à divindade, por objetivos nascidos de desejos humanos, dádivas, favores, salvação, bênçãos. Deixem que os arrebatamentos místicos sejam portadores de sua nomenclatura descritiva apropriada. Por definição de dicionário, oração denota a humilde solicitação do suplicante pela bênção da divindade.

Somente por uma ultrajante e injustificável expansão do seu significado, ela pode ser levada a incluir os santificados encantamentos da verdadeira comunhão com a divindade interior.

Assim, devemos declarar, desde o começo, que a tese sobre a oração, aqui apresentada, ocupa-se da palavra como completamente separada da sua proclamada referência à elevada comunhão mística com Deus, e usa-a exclusivamente em sua definição comum de pedido por coisas boas a um poder cósmico concebido como doador das boas coisas que o homem deseja.

Tomado nesse sentido, e aceito, portanto, no entendimento habitual da palavra, o trabalho aqui empreendido apresentará o processo contra a oração como, talvez, o mais fatal e esmagador cativeiro da mente humana, produzido por uma estulta alucinação, em todo o longo ciclo da História.

O primeiro, e mais direto item na acusação contra a oração, está no fato de ser ela infinitamente degradante para o ego humano. Brotando, como brota, do profundo senso de inferioridade do ego, e da sua situação de dependência, dado o reconhecimento da sua elementar e indefesa natureza em relação ao poder a que a oração se dirige, essa aceitação básica, no caso, e a atitude e o hábito da mente curvada em submissão tendem, inevitavelmente, a fortalecer e a imprimir ainda mais profundamente na vida subconsciente da pessoa assim condicionada a obsessão dominante da própria inferioridade e demérito. Assim, essa percepção da prece renova e aguça, perpetuamente, o autocastigo do mais nocivo trauma psicológico sobre a psique humana. Usando-se a mais simples das formas de expressão, a oração constantemente ***abate o espírito humano***. Arroja sobre ele uma pesada mortalha de depressão, uma forma negativa de consciência, de auto-acusação e de autodepreciação.

Na verdade, é a súplica feita a Deus para que Ele aceite a classificação que o próprio homem apresenta de suas abjetas e desprezíveis natureza e condição. De uma forma que é constantemente reenfatizada, a oração suplica mesmo a Deus que se certifique do merecido infortúnio do suplicante, única justificativa para a pretensão com que se dirige, de qualquer modo, à pureza e à majestade de Deus. Não há o mínimo mérito em admitir tal coisa, e sim a completa indignidade do suplicante, e só isso dá à pecadora alma humana o suposto direito de trazer sua lamentável condição ao conhecimento da divindade. No paroxismo dessa tendência autocondenadora, está expressamente estipulado que o suplicante não está pedindo justiça. Porque uma teologia sinistra inculcou no espírito humano a crença de que se Deus tratasse com justiça o miserável verme que rasteja a seus pés, o caso estaria perdido desde o início, pois a parte mais honesta do seu ser não passa, aos olhos de Deus, de "trapos imundos". Por isso, a alma que se considerada autocondenada argumenta do seguinte modo: "Ó Senhor, não posso enfrentar a justiça; estou irremediavelmente manchado pelo pecado; minha única esperança de escapar do merecido destino dos pecadores está em vossa infinita misericórdia. Se insistirdes num julgamento rigoroso, estarei perdido. A não ser que meu lastimável estado toque o vosso coração, dando-lhe compaixão infinita, estou arruinado. Tende piedade de mim, miserável pecador que sou!"

Então, segue-se o sussurrante cântico da ladainha: "Nós suplicamos que nos escuteis, bom Senhor" — como se não houvesse muita certeza de que Deus sequer estivesse ouvindo.

O Cristianismo tem insistido eternamente na declaração, em todas as circunstâncias apropriadas, de que apresentou um código de princípios e uma influência humanizadora que agiram para elevar a "dignidade do homem". O Cristianismo ampara essa declaração com a enganosa lógica de insinuar que a democracia nasceu de sua influência benigna, e que na democracia o indivíduo alcançou uma posição de liberdade para expressar as suas prerrogativas pessoais em maior grau do que lhe fora possível fazer em todas as religiões antecedentes. Declara haver libertado o espírito do homem da anterior sujeição ao clericalismo e às tiranias sacerdotais, de forma que, agora, sob sua benéfica égide, o ego humano tem possibilidade de aproximar-se ousadamente de Deus e apresentar as suas credenciais de integral filiação com Deus, o Pai Eterno.

Sem dúvida, alguma influência que estimula um senso de dignidade do ego humano surgiu do trabalho histórico dos elementos constitutivos do Cristianismo. Em dois mil anos, era inevitável que a humanidade ocidental pudesse ter progredido com vistas a hábitos mais liberais, fosse qual fosse a religião que a tivesse dominado. Ainda assim, o avanço, nesse caso, tem sido, inegavelmente, ao mesmo tempo contrabalançado e enfraquecido, e muitas vezes completamente anulado, pela interminável insistência no espírito abjeto de apelo à prece. Assim, na absoluta realidade, o sistema cristão tem feito mais para abater a própria dignidade do indivíduo, que ele afirma ter elevado de forma tão imensa, do que qualquer outra fé sobre a Terra. Será difícil encontrar na literatura de qualquer outra religião expressões tão irracionalmente depreciativas da condição e do valor cósmico da alma humana, como se encontram prolificamente apresentadas no Cristianismo. Enquanto ele mandar que essa alma rasteje de joelhos aos pés da deidade, suplicando abjetamente ser considerada como de todo destituída de mérito, por sua própria conta, e tão intimidada a ponto de considerar virtude a sua própria miséria, a sua própria pobreza, a sua própria desamparada e desesperada condição, ao mesmo tempo, é grosseiro despropósito, uma ultrajante falsidade do

Cristianismo, continuar alardeando sua notória declaração de que ele, acima de todas as outras religiões, exalta a dignidade da alma humana. Nenhuma outra fé poderia, possivelmente, rebaixá-la a tão supina e humilhante degradação.

Nem mesmo ele se contenta em ter perseguido a alma de seus seguidores, levando a uma vergonhosa autodegradação; não deixará que ela descanse nisso, mas irá conduzi-la à maior e à mais profunda humilhação de proclamar sua própria e franca corrupção. Ela proclama a sua total iniqüidade e a sua inveterada e implacável obstinação no erro e no mal. "Temos feito o mal constantemente aos vossos olhos, ó Senhor, e nossos corações são constantemente maus. Não temos em nós pureza nem retidão. Se nos tratásseis de acordo com o que merecemos, ó Senhor, quem resistiria? Ninguém." Assim decorre o propagado testemunho da fé cristã para a real depravação da mente cristã, sob a influência de um hábito de oração gerado pela mentalidade distorcida de sessenta gerações de uma teologia espantosamente pervertida, ela própria baseada numa interpretação histórica e literal, desastrosamente contorcida de suas assim chamadas "Escrituras Sagradas".

Que essa perversão da sanidade humana e esse deslocamento do equilíbrio humano têm embrutecido tremendamente a mente humana, que se tem arruinado sob a sua influência, é coisa impressionantemente atestada durante quinze séculos de um registro das mais grosseiras desumanidades contra o homem jamais registradas. Um registro de imbecilidade, de beatismo, de superstição, de ódio, de guerras, de perseguições e de carnificinas que mancham as páginas da história *Cristã* com o negro horror da inumana selvageria à solta vinda da mão direita de guerreiros que com a mão esquerda empunhavam a cruz. Com o doce amor de Cristo em seus lábios, o Cristianismo levou nas mãos a espada sangrenta, ou o tição incendiário e destruidor, e procurou, insensatamente, fomentar o primeiro através do poder do outro. E está sempre dobrando os joelhos diante do seu Deus, bajulando-o e suplicando que aumente o seu zelo na conquista, perdendo-se a moderação mais delicada do amor na fúria do seu entusiasmo pela riqueza e poder mundanos.

Tudo isso dá ao mundo uma ampla base para lançar uma denúncia autêntica contra o Cristianismo, denúncia do mais sério caráter. Ele pode ser acusado de ter levado ao grau de dignidade e nobreza de uma ciência sagrada, dois dos mais mesquinhos e ignóbeis traços da natureza humana, nunca reconhecidos e tidos como virtuosos na forma pela qual se apresentam: essas duas expressões inferiores de baixo caráter que são a mendicância e a avidez. Podemos enfrentar o Cristianismo — bem como qualquer outra religião que louve o motivo da oração — com um severo desafio: quando a mendicância alguma vez foi tida como nobre e santificada, na sociedade humana comum? Ao contrário, não é ela vista, universalmente, como baixa e degradante, abaixo dos padrões aceitos da boa educação e da ética social? O mendigo sempre foi olhado com piedade, como tendo falhado na obtenção dos padrões de subsistência social e de dignidade. A mendicância é considerada como um recurso infeliz de pessoas de condição inferior, sejam elas as desafortunadas vítimas de duras circunstâncias, sejam elas pessoas tão imprevidentes que a extrema penúria chegou a levá-las ao doloroso estado de dependerem da caridade. O mendigo é visto com piedade e desprezo. Ao mendigo atira-se uma moeda, em momentâneo espírito de permuta, para obter o alívio de que necessita a consciência meio culpada da pessoa.

Temos de indagar, portanto, através de que artifícios de insinceridade e beatice religiosa é possível justificar a exaltação da vil motivação da mendicidade para a categoria de uma nobre virtude, em ética religiosa. Através de que hipocrisia, de que sofisma, o espírito falsamente fervoroso e religioso transfigura esse traço infeliz de desonra comum em suprema virtude da ciência espiritual?

Mais flagrante e mais calamitosa para a alma do homem é a transformação do pensamento ávido, no papel de um princípio de uma ciência religiosa. Através de que curso de desenvolvimento veio a existir a crença comum de que a simples tendência que a pessoa tem para se dirigir (presumivelmente) a uma divindade que a ouve, e apresentar-lhe um piedoso desejo, dá-lhe o suposto direito de esperar atendimento assegurado? Em que base de garantia natural a alma que diz a oração constrói sua firme presunção de que algum Poder está desejoso, ou cosmicamente obrigado, a dar-lhe ouvidos e a responder-lhe com a ação apropriada? Se há certo grau de garantia legítima para isso na analogia da criança humana, que pede benefícios aos pais terrenos, é certo, por acaso, que a analogia funcionará em sua aplicação superior?

Para esta última pergunta é possível encontrar certa parte de resposta legítima na já comentada psicologia infantil. A religiosidade ingênua irá agarrar-se, por muito tempo, à simples impressão de que o homem permanece, em relação ao seu Pai celeste, na posição de filho. E o instinto, que surge da dependência da criança ao Pai Criador, sempre impregnará a mente religiosa com a natural adaptação da atitude suplicante da criança. Contudo, conforme foi dito antes, o homem, religiosa e psicologicamente, não chegará a sobrepor-se à infância? Chega uma determinada ocasião em que o pai humano se cansa dos pedidos suplicantes do filho e ordena-lhe que vá ganhar as boas coisas que deseja como ele próprio teve de fazer, pelo trabalho ativo, em vez de mendigar. O ciclo dos pedidos termina para a criança. E ela chega, finalmente, a compreender que deve criar o seu próprio mundo, e, então, começa o ciclo da autodiligência, resoluta e orgulhosa.

Deve ser maravilhoso, portanto, quando o homem, filho do Pai cósmico, já tiver alcançado a maioridade. Enquanto esta não for atingida, a religião permanecerá impotentemente ligada à natural debilidade da infância. Podemos bem imaginar que o Pai Celeste fica a cogitar a respeito de quando os seus filhos terrenos tomarão conhecimento do seu divino direito inato à auto-atividade criadora e, apoiados na força de sua própria e reconhecida divindade, passarão a aliviá-lo da carga de estar ouvindo e respondendo às suas eternas súplicas. Podemos pensar que ele diz: "Eu lhes dei todos os poderes embrionários necessários para levá-los à completa evolução futura em direção da mais alta glória. Deuses vocês não poderão ser enquanto não desenvolverem todas essas poderosas potencialidades, exercendo-as para fins totalmente autodeliberados. Quando vocês cessarão de bombardear meus ouvidos com incessantes lamúrias e começarão a utilizar o poder miraculoso que lhes coloquei nas mãos?"

Talvez seja eternamente impossível calcular a completa extensão do desastre psicológico exercido sobre a mentalidade do mundo ocidental, durante séculos, por essa embrutecedora certeza de que suplicar e desejar são as mais altas formas de comunhão entre os mortais e o Poder cósmico criador. Sendo o autodesenvolvimento dos poderes divinos inatos o principal e correto objetivo da evolução realizada pela própria criatura, tudo quanto retarda, desvia ou bloqueia esse desdobramento deve ser catalogado como nocivo, prejudicial e calamitoso. Porém, enquanto a consciência individual estiver obcecada pela idéia de que a alma do homem nada pode ganhar pelo seu próprio esforço (a pregação do Cristianismo), e que seu único recurso, em seu desamparo, é o de correr para o Poder superior estabelecido com súplicas de auxílio constante e eventual salvação, uma paralisia total do esforço humano afligirá toda iniciativa pessoal. A crença no pedir e almejar prolongará o canto de sereia da sedutora Circe, e continuará a iludir o marinheiro no alto-mar da vida, cada vez mais próximo dos arrecifes destruidores.

O prejuízo psicológico causado pela ilusão da prece nasce não só do seu poder de sujeitar o devoto a um completo, inútil e infrutífero desperdício de energia vital, mas provoca o desastre também pelo represamento do saudável fluxo de energias positivas criadoras. Inevitavelmente, a estagnação e a corrupção aparecem quando quer que os poderes da vida deixem de ser usados, quando não são desafiados, por pura falha na provocação deles para atender à necessidade exterior.

Durante séculos, a mente religiosa tem se mostrado obtusa para o discernimento de que deveria ter modificado o espírito e o tom de todo o seu funcionamento. Essa modificação está no reconhecimento de que, enquanto a pessoa humana, pelo hábito arraigado e a carência de melhor incentivo e conhecimento, apelar para um poder fora de si própria em todas as contingências de pressão ou dificuldade, seu potencial para a compreensão interior de sua própria força e recursos continuará a jazer infecundo e nada produzirá. Apelar incessantemente para o auxílio de Deus é, com certeza, perpetuar e aprofundar constantemente a própria impotência. Se uma resposta fosse verdadeiramente dada às inveteradas súplicas, o próprio Deus estaria sendo conivente no crime de firmar ainda mais, em seus filhos, o senso de impotência. Na proporção em que continuasse a abençoá-los, em resposta às suas súplicas, estaria, exatamente por isso, perpetuando a sua triste desventura. Se esses filhos tivessem de ser desligados e soltos da passiva dependência em que estão em relação a ele, em algum ponto crucial ele teria de deixar que seguissem sem auxílio, lutando por si próprios, o que os levaria a aproveitar a oportunidade para, pela primeira vez, tomar conhecimento de suas próprias e surpreendentes possibilidades. Nunca os poderes de apoio e sustentação de Deus retiram-se de qualquer das suas criaturas, mas é caso de vasta conseqüência psicológica isso de o homem, individualmente, agir com consciência, sabedor de que recursos divinos e infinitos, desde o princípio, têm estado à sua disposição dentro do profundo recesso de sua própria natureza. Ou, se esse conhecimento falhar, saber apenas correr, em infantil temor, para arrojar-se aos pés de um Poder que acredita estar fora dele, e que deve ser persuadido, pela bajulação, a ajudá-lo, apenas pelo seu balido.

A necessidade de evolução da alma individual para romper os entraves da sua dependência quanto ao auxílio exterior, e para assegurar, vigorosamente, seu crescimento, ligando-o ao seu esforço pessoal, tem sido ampla e inequivocamente exposta na literatura da sabedoria. Emerson afirmou isso com positiva franqueza: "O homem é fraco na medida em que procura auxílio fora de si mesmo. Só quando ele se atira, sem hesitação, para o Deus que está dentro dele, é que ele toma conhecimento de seu poder, e realiza milagres. Só quando ele se desfaz de todos os sustentáculos e repousa apenas no Deus interior é que ele descobre os seus verdadeiros poderes e encontra a fonte do sucesso." E, da pena do mais esclarecido psicólogo do nosso tempo, cujas opiniões se baseiam, em sua maior parte, na atual prova clínica — o psicanalista Carl G. Jung — vieram estas palavras de significação verdadeiramente memorável: "A *Imitatio Christi* sempre terá essa desvantagem: nós cultuamos um homem como modelo divino, encarnando o mais profundo significado da vida, e então, por pura imitação, esquecemos de tornar real a profunda significação presente em nós próprios. Se eu aceito o fato de que um deus é absoluto e está além de toda a experiência humana, ele me deixa insensível. Eu não o impressiono nem fico impressionado com ele. Mas se, por outro lado, eu souber que ***Deus é uma atividade poderosa dentro da minha própria alma***, imediatamente ***devo*** interessar-me por ele."

É algo a considerar se essas duas declarações, ambas vindas de homens que fazem jus integralmente ao título de magnificência, não constituem a essência da maior sabedoria prática à disposição do homem. Porque elas resumem o princípio básico da mais desafiadora e real verdade que o homem pode conhecer: o que o homem não usa, como faculdade, função ou órgão, ele acaba por perder. Esse adágio moral é, desse modo, bem ilustrado pela parábola dos talentos, no Evangelho: o homem que não põe em uso seus talentos, perde-os. Enquanto a alma devota está rezando a um poder exterior a fim de obter auxílio ou benefício, seus próprios poderes estão se atrofiando. A transcendente sabedoria antiga, que o mundo está atualmente ressuscitando do seu desuso, expõe, nos mais claros termos, que miríades de almas, residentes num divino empíreo, foram enviadas à Terra para que fossem entregues à sua própria iniciativa, de forma que pudessem aperfeiçoar a natureza espiritual implantada, embrionariamente, em sua constituição. O enevoamento de suas mentes, devido a uma obsessão religiosa como a do culto da oração, embota a agudeza de todo o esforço da encarnação.

Já se disse que "a oração é o sincero desejo da alma". É da natureza divina da alma aspirar prazeres mais profundos e mais elevadas exaltações. O que aqui está sendo objeto de crítica, entretanto, é a universal e piedosa suposição de que os simples desejos e aspirações constituem os elementos de uma ciência divina que traz consigo a certeza de uma resposta exata. De que modo os violentos, maliciosos, desenfreados e caprichosos desejos do ser humano, que se manifestam em todos os níveis, desde os mais baixos até os mais santificados, podem ser formulados dentro dos cânones de uma ciência psicológica estrita, é coisa que se situa além do alcance do pensamento. Ainda assim, a persuasão de que as orações são ouvidas e atendidas postula um ***status*** científico subjacente à inteira operação. O simples desejo de alguém, se ao menos for suficientemente piedoso, põe em movimento as rodas do mecanismo cósmico da prece, que deve enviar as respostas. A carolice afirma que a oração pode ser categorizada como ciência de total confiabilidade. Injete-se no receptáculo da psique uma certa quantidade de unção, e certo resultado benéfico pode ser esperado: eis a crença. Cada desejo provocará uma resposta cósmica mensurável. Está estabelecido na experiência humana comum que é quase infantilmente tolo pretender que todo desejo e oração estejam fadados a trazer bons resultados, pela excelente razão de que, tal como prova a experiência, muitos dos nossos desejos levam-nos diretamente a más conseqüências. Com que freqüência desejamos e rezamos para obter coisas que provam não serem nada boas para nós! Ignorantes que somos, muitas vezes oramos pelas coisas erradas! Precisamos acaso pedir uma demonstração mais positiva da ilegitimidade de se arvorar a prece como uma ciência exata? É chegar ao último grau de irracionalidade isso de supor que a pura piedade do desejo garantirá a sua validade ou o seu atendimento. Dar ao pensamento ansioso foros de uma ciência digna de confiança é chegar muito próximo do último trecho da estrada para a loucura.

A verdade aparente, se ela pode ser conhecida, é que as orações humanas jamais tenham, em nenhuma situação, induzido "Deus" a desviar-se um passo do curso ordenado de suas atividades universais. Que pensaríamos de uma divindade cósmica cujo curso ordenado de processo criativo estivesse sujeito a alterações, mil vezes por dia, por ordem de milhões de crianças que rezam? Infinitamente mais do que a resposta a uma prece, o que deveria regozijar o coração da humanidade seria o conhecimento seguro de que as nossas orações ***não*** podem mudar o movimento do Universo. Porque qualquer mente pensante enfrenta a idéia, horrenda quando integralmente compreendida, de que ***se*** o curso divinamente prescrito da ação cósmica ***pudesse*** ser alterado pela mera expressão verbal ou mental dos desejos humanos, ***haveria um constante caos no Universo!***

O culto da oração é condenável por se fundamentar na mais fantástica e grotesca irracionalidade. Parece impossível conceber que piedosos devotos da oração jamais tenham exercido a imaginação o bastante para perceber o espetáculo totalmente ridículo de milhões de cidadãos da Terra correndo e puxando a casaca de Deus, com pedidos e instruções para modificar a ordem da sua criação, a fim de adaptá-la aos seus caprichos momentâneos. Isso mostra um quadro tão futilmente ridículo que se poderia presumir que tanto os diabretes de Satã como os deuses do Olimpo devem ter se regalado, em festejada e jovial hilaridade, com essa visão. Se a beatice untuosa não houvesse reprimido tanto a razão como a imaginação, esse absurdo fiasco de há muito teria terminado.

Tem sido definitivamente provado que os humanos constantemente desejam e rezam pedindo coisas que não são boas para eles. Se, portanto, muitas orações são más orações, uma lei de justiça e equilíbrio cósmico teria de cuidar que elas não fossem atendidas, ou os desejos atendidos do homem o arruinariam. Se há qualquer eficácia na oração, deveríamos orar para que a divindade nos protegesse contra nossas próprias preces. Do ponto de vista do puro atendimento, deve ser fato quase certo que os esforços de bilhões de mortais, no decorrer de muitos séculos, foram inteiramente inúteis. É duvidoso que quaisquer orações tenham jamais sido atendidas, no sentido literal. É, em si mesmo, uma consumada presunção, a de que Deus, considerado em qualquer sentido como uma unidade mental, possa ter paciência e contenção para prosseguir com essa farsa. Se a divindade pode ser considerada como uma inteligência que ouve, investiga, pesa e responde com a ação apropriada, é simplesmente inimaginável que mesmo uma infinidade de amor divino deixasse de perder a serenidade diante do interminável coro de pedidos que assaltam seus ouvidos, e vindo de um só planeta! Com certeza jamais foi assunto de cogitação racional, para "os que crêem na oração", esse explicar ***como*** a mente cósmica ***pode*** dar atenção a todas as complicações, envolvimentos e equilíbrios morais que precisariam ser levados em conta para uma decisão justa nos milhões de diferentes súplicas que lhe são dirigidas de uma só vez a cada dia. Mas — seria essa a "explicação" — Deus tem a varinha mágica do milagre sempre à mão. Podemos bem pensar que Ele ficaria cansado de tanto recorrer a ela.

A obstinada nescidade da prece também se faz notória pelo fato de deixar de ver que, se a Providência desse aos mortais qualquer poder tamanho de obter o que deseja pelo simples ato de pedir, a raça humana ver-se-ia, dentro de pouco tempo, de tal modo enredada e desordenada, que, como o rei Midas e seu toque de ouro, viria a rezar, realmente, para que a natureza e a lei tomassem as rédeas nas mãos e pusessem de lado a interferência humana. Só o refletir nisso reduz a prece a uma alucinação quimérica. Uma resposta real e universal à prece produziria uma tremenda catástrofe mundial.

Mesmo a mente comum das massas destituídas de espírito crítico percebe o sentido do conflito aqui mencionado entre as pretensões da prece e a ordem da lei cósmica. Porque essas duas coisas são inteiramente incompatíveis. Se as preces são atendidas, como crêem os devotos, não se pode considerar que o Universo atue sob um sistema de lei inviolável. Não há lei inviolável que possa estar sujeita a alterações pelos caprichos humanos. Se houvesse razão tanto na filosofia como na psicologia da religião — e sua história revela que isso não ocorre — os seres humanos deviam, positivamente, regozijar-se com o conhecimento de que, a não ser pelos seus efeitos sobre a pessoa que está rezando, a oração é, e deve ser, uma completa futilidade. Hipnotizada pelas seduções do milagre e da magia, a mente humana, sob influências religiosas, tem estado dividida em seu devotamento, acatando, por um lado, a regra inarredável da lei natural, mas, por outro lado, curvando-se à crença supersticiosa no sobrenatural. Sob a sedução feita à fraqueza e à ingenuidade humanas mantida pela religião, com suas promessas de perdão, de esquecimento e de imunidade através da ação de uma miraculosa graça divina, a atenção humana tem sido maciçamente focalizada nas possibilidades mágicas alardeadas tão constantemente nesse campo. A religião sempre pretendeu oferecer à crédula humanidade a perspectiva de algum caminho mais fácil para a glória do que aquele indicado pela lei natural, que parecia impor sempre termos duros, cruéis e austeros. Ela tem prometido, invariavelmente, o abrandamento dos inexoráveis rigores da lei; tem falado de um caminho fácil, de um caminho de fuga, de uma solução feliz para todos os males da vida, para as enfermidades e os sofrimentos. A lei natural era o método de submissão aos velhos atos da Providência; a religião acenou com a promessa de liberdade em nova disposição, sob o poder divino do amor e da compaixão.

Para esse alegre vale de refúgio e consolação acorreram os milhões de inocentes religiosos, destituídos de espírito crítico, impelidos pela vassoura de uma lamentável sandice coletiva. Isso, contudo, é, na realidade, um vale de ilusão, suas falsas glórias emanando do ***ignis fatuus*** das promessas das Escrituras e das fantasias teológicas. Nesse vale encantado, a prece seria a varinha mágica que tranformaria em realidade todos os mais fervorosos sonhos. A triste conseqüência tem sido o fato de a história da religião ser o registro de uma lastimável desilusão após outra. A fé na prece continuou alimentando a psique das massas com uma fantástica esperança, quando essa psique precisava apenas de corretas lições de vida real.

Tivesse a religião se mantido apegada às suas antigas bases de sensata filosofia, e teria impresso, indelevelmente, sobre todas as inteligências, através das idades, a preciosa verdade da beneficência do império da lei natural. E teria inculcado, inexoravelmente, o sentido do verdadeiro milagre da própria lei natural, salvando o homem do calamitoso engano que é procurar o milagre no mundo exterior transgredindo a lei natural. Quando a religião desvia a mente da espontânea maravilha diante do mágico fenômeno natural, para a expectativa de estupendas ocorrências que transcendem ou zombam da lei natural, ela abre a porta para a quase universal alucinação de milhões de pessoas sobre a Terra. De um só golpe, ela solapa a mais segura garantia cósmica do homem e sua possibilidade de felicidade, que está em sua perfeita confiança na inviolabilidade da lei cósmica. Essa confiança deveria ter sido, em todos os tempos, a sua maior e mais feliz dádiva. Deveria ter sido a coisa mais firme em que ele poderia apoiar-se. O milagre dependeu da fé, e esta pôde revelar-se também ineficaz. A lei natural foi digna de confiança, e distribuiu seus benefícios com inexorável imparcialidade e justiça. O maior dos interesses do homem deveria manifestar-se em aprender como cumprir os seus termos, pois cumpri-los seria alcançar a felicidade. A recompensa para a obediência à lei deveria ser vista como muito mais real e genuína do que qualquer rósea expectativa em relação ao milagre. O homem, porém, foi varrido desse firme rochedo da sua potencial felicidade, em sua cegueira causada pelo fulgor das promessas bíblicas. Saindo da sua segurança eterna, que depende das salutares disposições da lei, para a incerta esperança do milagre, a humanidade tem sido arrastada para os traiçoeiros bancos de areia movediça, representados pela confiança nas motivações caprichosas de uma deidade descrita nas Escrituras como capaz de amor e misericórdia, num momento, e de cólera vingativa, em outro. Com que tristeza o evidente desígnio divino para o homem tem sido malogrado, podemos ver no espetáculo de milhões de criaturas humilhando-se com queixosos brados de fraqueza, aos pés da deidade, quando, em vez desse canto de dor, suas vozes deviam estar enviando ao trono os cânticos de júbilo e gratidão, nas palavras do Salmista: "Oh! Como amo a tua lei, ó Deus! Em tua lei medito dia e noite!" Porque, uma Providência onisciente tomou medidas para assegurar a felicidade de seus filhos, quando ela declara, no início: "Escreverei as minhas leis em seus corações, e em suas mentes eu as escreverei." Muitas e muitas vezes ela fala de sua garantia para a bem-aventurança de seus filhos "se eles obedecerem à minha lei", e de sumária e merecida punição se desobedecerem às suas ordens.

A oração, assim, iludiu o homem, afastando-o de seu saudável contato com a realidade e conduziu-o a uma dança alegre, mas trágica, com iridescentes formas de ilusões.

Enquanto o homem reza para que Deus faça por ele o seu trabalho, os seus próprios e inatos poderes se atrofiam. Disso já falamos, mas é necessário dar maior ênfase. A oração leva a participação do homem para fora dele próprio e para longe do centro interior onde essa participação devia estar concentrada. É o seu próprio potencial interior que necessita desenvolver-se, e não seus supostos relacionamentos com um poder exterior. A vida oferece ensejo para o exercício e o desdobramento do potencial divino. Mas a prece injeta, como um sedativo, um narcótico, e aquieta a alma por um falso afrouxamento da iniciativa. Lança um entorpecimento e um marasmo sobre o natural senso de urgência para progredir na tarefa maior de atingir a divindade que está diante de nós. Como pode um homem obter a sua glorificação se ele nunca cessa de apelar para que Deus faça o trabalho que sua própria evolução exige? Nem mesmo Deus pode livrar suas criaturas do labor necessário para a sua própria salvação, pois o esforço da auto-iniciativa é o preço inevitável da salvação.

De há muito perdeu-se o inestimável conhecimento de que Deus implantou na constituição de cada um de seus filhos, desde o início, uma influência de seu propósito cósmico, verdadeira parte e porção de sua própria mente universal, para ser aquela verdadeira presença dEle próprio no coração de todo ser consciente, respondendo de imediato a todo apelo, ansioso e vigilante, para ser o poder salvador em todas as necessidades prementes. "O gênio, no homem", diz Heráclito, "é uma divindade." A religião deveria ter ensinado o homem a voltar-se constantemente para essa divindade que tem dentro de si mesmo, e não para qualquer suposto poder exterior. Ignorá-la, passar ao largo dela para se dirigir a outro poder que se acredita estar observando lá dos píncaros do Universo, é, simplesmente, não obter o auxílio que foi planejado para estar prontamente disponível a todas as criaturas.

O cultivo da relação entre a mente exterior e essa íntima capacidade constitui a verdadeira "ciência da alma". O anseio do eu exterior pessoal, no sentido de despertar e gozar da comunhão com essa divina imanência, devia ser a "prece" real, que teria de ser agraciada por um nome de maior importância. Deus enviou esse hóspede divino para compartilhar da nossa moradia de carne e de nossa natureza mortal, para nos ajudar a colocar tanto a nossa casa como a nossa vida em ordem e em beleza. Esse é o braço da divindade estendido para baixo, em nossa direção, do céu, lá em cima. Em *Gálatas* 4, São Paulo diz que quando éramos ainda crianças em evolução, não sabendo da presença desse raio de divindade dentro de nossa própria natureza, "estávamos na dependência dos elementais da terra" e "do ar", poderes que "não são deuses". Mas agora, acrescenta ele, já não somos crianças, mas adultos, herdeiros de Deus, e temos conhecimento da nossa relação de filhos com Deus, através do crescente poder do Cristo dentro de nós. A constante comunhão do homem com esse visitante celestial em seu templo de carne não precisa de súplicas nem de arrazoados. Ela vem como um reconhecimento espontâneo e jubiloso que certifica o homem de sua própria divindade.

As pretensões da prece concorrem para uma insensatez asinina, que deixa de ser reconhecida por causa do incrível mesmerismo da credulidade religiosa. Que pode haver de mais ilógico do que suplicar graças de um Pai cósmico, que, tanto na ordem óbvia da natureza como nas Escrituras a ele atribuídas, já deu garantia segura de que está totalmente empenhado em outorgar a seus filhos toda a riqueza de bem-aventuranças que eles podem receber e utilizar? Deus não desperdiça suas energias. Nem mesmo derrama benefícios sobre a sua progênie, quando ela ainda não desenvolveu a capacidade de recebê-los. Ele não pode comprimir numa vasilha pequena o que apenas uma vasilha maior pode conter. Sistemas antigos de sensata sabedoria — mais particularmente a grande filosofia grega — insistiram, com firmeza, em dizer que nenhuma criatura, no Universo de Deus, seria privada da medida completa da generosidade do Pai, mas que cada qual receberia sua devida porção, em estrito acordo com a medida da sua capacidade. Para criaturas inferiores, fluiria um minúsculo riacho da dinâmica da vida; para as superiores, viria um potencial mais copioso, porém sempre na justa medida para cada um.

Sendo assim, não é loucura suprema do homem pensar que alguma coisa possa ser conquistada pelo bombardeamento incessante dos ouvidos divinos com pedidos para que Deus se esforce para aumentar a corrente de benefícios que desce sobre os suplicantes? Tais orações levam consigo a tácita suposição de que Deus está diminuindo a atenção às suas obrigações, de que está cochilando em seu trono, de que está descurando de sua tarefa, e precisa ser estimulado para se manter "alerta". Sob esse aspecto, a oração deve ser vista como tola demais para ser posta em palavras.

Da mesma forma, a oração implica que a inteligência de Deus é também deficiente, e que sugestões vindas do lado humano o ajudarão a decidir sobre o que é melhor fazer. Ela pressupõe que tais sugestões podem poupar a Deus algum trabalho, dando informações úteis. A oração parece presumir que Deus apreciará a conveniência de ter uma lista de coisas boas e de nomes de fiéis merecedores levada à sua mão. Ao que lhe parece, Deus ficará satisfeito notando o zelo com que seus filhos o pressionam para obter benefícios.

A progressiva imbecilidade da mente e o fracasso da razão, porém, exibem-se na implicação inerente de que o filho da Terra sabe melhor do que o próprio Deus quais os benefícios que deve receber. Muitas preces incluem, de forma expressa, a confissão de que Deus já conhece infinitamente melhor tudo de que necessitamos, ou o que é melhor para nós. "Vosso Pai sabe de que coisas precisais, antes que vós as peçais" (Mateus, 6:5, 8). Renan, em sua famosa *Vida de Jesus*, citando a Oração do Senhor, segue-a com esta declaração: "Ele (Jesus) insistiu particularmente na idéia de que o Pai Celestial sabe melhor do que nós aquilo de que necessitamos, e que é quase pecar contra Ele pedir-lhe esta ou aquela coisa em particular."

Essa implicação tão óbvia e significativa não pode, em dezessete séculos, introduzir uma nota de sanidade no hábito de orar do mundo, e isso é um testemunho suficiente da destruição da racionalidade introduzida pela cegueira religiosa em mentalidades destituídas de senso crítico. Eis que isso acrescenta uma força irresistível à nossa argumentação de que a maioria dos valores e motivações da esfera religiosa é mantida em simples desafio à razão e à lógica. A fé apropriou-se do campo, e a fé não leva em conta a racionalidade. Se tivesse sido dada atenção à lógica nas deliberações da religião histórica, a constante pressão sobre Deus, com pedidos de favores, teria sido abandonada como notoriamente pueril.

A crença implícita de que Deus ouve e atende orações já foi catalogada como uma pretensão muito temerária. É quase manifestamente ilusória. A melhor sabedoria filosófica da humanidade tem afirmado que a divindade é, simplesmente, uma inteligência cósmica, no sentido mais abstrato, embora seja uma realidade. É tolice imaginar ou considerá-la como um ser personalizado de tal forma que possa ouvir a voz humana ou "ler" a mente humana. A idéia de Deus como um ser que ouve as milhões de preces que lhe dedicam é tão infantil que qualquer adulto devia envergonhar-se de manter uma opinião como essa literalmente falando. Ainda assim, todas as preces comuns repousam nessa presunção infantil.

Nenhum pensamento foi dedicado, também, ao fator *tempo* na pressuposição sobre a qual a oração se baseia. Se fosse considerada a parte que ele teria de representar no fato real de ouvir e responder às orações, isso seria motivo para ridicularizar o hábito de rezar. Acredita-se, tacitamente, que Deus, que não poderia atender injustamente às preces, observaria as minúcias de todos os casos apresentados, faria uma rápida vistoria da ***história pregressa*** das pessoas pelas quais se reza, e então pesaria cuidadosamente os elementos de justiça existentes. Deveríamos indagar que tipo mágico de conscientização é esse, que pode assim investigar e julgar milhões de casos complexos, a todas as horas de todos os dias! Como poderia Deus, imparcialmente, ser juiz, júri e executivo no julgamento de milhares de casos por hora, se o seu processo mental requisitasse algum *tempo*? A resposta de reserva seria, naturalmente, a de que a consciência de Deus é intemporal. Mesmo sendo assim, suas decisões, alcançadas através de um processo intemporal, teriam de ser passadas ao homem numa medida de tempo tridimensional. A resposta evocaria ainda o "milagre". E se a divindade empregasse todo o seu "tempo" atendendo a intermináveis orações, como poderia "ela" ter qualquer tempo para qualquer outra coisa? Cristãos e budistas, maometanos e taoístas amarram seu deus a um encargo servil, pelos seus mesquinhos interesses. Não lhe dão repouso. Seu assunto cósmico principal é atender às suas necessidades. Não se pode acusar de irreverência quem sugerir que seria apenas natural que tal Deus perdesse a paciência e se dispusesse a gritar ao seu povo: "Deixem de me atormentar com os seus pequenos cuidados e orações. Aprendam a cuidar de si mesmos. Eu tenho mais trabalho a fazer."

Preciso contar, como a mais singular circunstância, que *depois* de ter escrito essa última sentença, em rascunho, a ida a uma igreja metodista me fez conhecer precisamente essa exclamação de uma divindade das Escrituras. Naquela igreja, podemos ter a certeza de ouvir preces ardorosas e vibrantes, confidentes e fervorosas. Imagine-se, então, nossa agradável surpresa, ouvindo o ministro, em seu sermão, fazer a declaração positiva de que, embora ele acreditasse inteiramente na oração, também compreendia que há ocasiões em que, sob a pressão de circunstâncias especiais, a oração deixa de ser apropriada, tornando-se, de fato, inteiramente inútil, e deve dar lugar à ação. E, citando o versículo 15 do capítulo 14 do *Êxodo*, citou a evidente irritação do Senhor em sua censura a Moisés em relação ao pânico que se havia abatido sobre os filhos de Israel, ao avistarem os egípcios que os perseguiam: "*Por que clamas tu a mim?* Dize aos filhos de Israel que marchem." Recomendo humildemente essas palavras como exemplar contra-senha para qualquer beatismo. Por que, realmente, não cessam os beatos com os seus intermináveis pedidos, com as suas eternas queixas a propósito de seu desamparo, e caminham para a frente, no espírito da divina aventura?

O deus que está dentro de nós não se sente desafiado por súplicas ciciadas, mas *deve* responder quando o ser humano progride com a ação. Quando o homem age, o deus imanente precisa esforçar-se para reajustar o equilíbrio que é perturbado pela ação. Embora os atos sejam determinados pelos pensamentos, são os atos e não os pensamentos que determinam o curso do destino. A semente da divindade está no homem com o verdadeiro propósito de vê-la crescer, respondendo às experiências da personalidade, na qual reside. O *Zohar*, obra cabalística dos antigos hebreus, enfatiza o ponto de que a alma divina da natureza superior do homem não responderá com bênçãos enquanto a personalidade inferior não a desafiar com a ação aberta. Nessa situação, o conhecimento de que o poder divino reside no interior e não, algures, no exterior, é, em si mesmo, o acicate mais poderoso para energizar a divindade adormecida. Quando o homem compreender que ele próprio é o que demanda e o que responde, irá colocar-se na possibilidade muitíssimo maior de receber uma torrente de unção espiritual. A liberação dessa dinâmica interior é uma experiência tão maravilhosa que, em razão da ignorância, tem sido confundida com um influxo vindo de fonte exterior. O homem nunca sabe o que pode fazer, e o que a criança divina que está dentro dele pode fazer, enquanto não tenta, e assim desafia o deus a tentar. A única e definitivamente verdadeira oração é a ação.

A história religiosa ensina que sempre que as concepções complexas da verdade cósmica e das mais elevadas realizações da experiência mística são fornecidas às massas, para sua presumível edificação, esses fatos passam através da mó do literalismo estúpido e de grosseiras falsidades de entendimento, que os tornam substancialmente inverídicos em relação à sua conotação real. Esse tem sido, notoriamente, o caso da mensagem da oração. Sentida, de início, como comunhão mística do humano com a parte divina da constituição do homem, ela foi fantasticamente caricaturizada, passando a ser a crença de que um mortal pode falar com uma personalidade grandiosa, essencialmente da mesma ordem dele próprio. Sendo isso um absurdo, alguém diria uma inverdade se afirmasse que o curso histórico da oração tem sido a mistificação mais colossal em todo o mundo? Existe alguma coisa para negar que a prece, além do poder teúrgico imanente no próprio homem, tem sido um gasto de muito alento, completamente desperdiçado, dirigido a uma divindade hipotética, que nem ouve, nem escuta, nem responde? Não é muitíssimo razoável concluir que o único bem possível que dela pode ter vindo é o da sua repercussão sobre a própria pessoa que reza?

Este ensaio não tem a finalidade de afirmar que a oração é totalmente destituída de valor psicológico. Esta tese diz, contudo, que, seja qual for o valor psíquico que ela possa ter, tal valor nasce através da operação de forças que estão, todas elas, presentes na própria natureza do homem. Se o exercício da oração visa a relacionar o homem, harmoniosamente, tanto com a realidade física do mundo exterior como com a realidade espiritual do seu potencial interior de percepção, ela pode ser classificada como genuína ciência psíquica. O ponto essencial do assunto, porém, e o critério sobre o seu valor final, centralizam-se na *forma de compreensão* pela qual o indivíduo apreende a experiência mística. Há uma diferença crucial no fato de acreditarmos que estamos acordando um poder adormecido em nós, e no de estarmos provocando uma Inteligência eternamente invisível, escondida, algures, acima do cosmos.

A garantia de que se trata da primeira forma, e não da última, deve, por fim, fornecer o dínamo de força que proporciona o único efeito que a prática produz. Certamente, obter-se-á um resultado muito melhor se a inteligência do operador souber precisamente quais as forças que está empenhado em manipular. A divindade cósmica deve permanecer eternamente desconhecida para o homem simples, mas a divindade que está dentro dele próprio pode vir a ser intimamente conhecida. Trabalhar num problema desse tipo com princípios altamente errôneos será sempre inútil. Trabalhar com o conhecimento das forças em jogo prometerá um sucesso glorioso. A concepção errada deve conduzir a um esforço errado. O homem sofre penalidades por agir sob falsas premissas. O pensamento é criativo, na vida do ser que dele é dotado, e se não estiver em harmonia com os princípios da Inteligência maior, da qual ele é um elemento, haverá choque e discórdia, até que a harmonia seja obtida. A menor unidade de consciência do mundo deve, por fim, chegar a um perfeito acordo com a vontade ou com a lei do conjunto mais completo. Só o sofrimento corrige o prejuízo causado pelo pensamento errado.

Que a prece é um fermento para os elementos que estão dentro do ser humano, e não uma comunicação com a entidade cósmica infinita, é coisa endossada, na verdade, por uma alta autoridade religiosa, o Rev.mo James A. Pike, deão da grande Catedral de São João Divino, em Nova Iorque, citado pelo *New York Times*. Falando sobre a festa do Dia da Oração, descrito como "a época em que as preces são oferecidas pela chuva e pelos frutos da terra, e pelo plantio de uma árvore... é um símbolo da nossa dependência de Deus, e da nossa cooperação com a sua criação", o eminente deão declara que "as pessoas que duvidam de que as preces mudam as coisas jamais tentaram orar realmente. Se o tivessem feito, saberiam que, pelo menos, ***a oração modifica quem está rezando***". O peso dessas palavras está em dizer que a oração modifica, não as ***coisas***, mas as ***pessoas que rezam***. É sob esse ângulo que a prece deve ser estudada inteligentemente. Com esse propósito ela pode ser trazida para o âmbito de uma ciência psicológica estritamente humana. Se sabemos que há uma relação afetiva entre os elementos que compõem a total psique humana, e não uma pseudo-relação entre o ser humano total e alguma consciência cósmica inteiramente distante da nossa condição, ***devemos***, então, tal como Jung faz notar com tanta agudeza, dar a devida atenção a isso, como a um ramo completamente estruturado da nossa própria ciência humanística. O deão Pike corrobora seu ponto de vista quando acrescenta que "a medicina psicossomática sugere relacionamentos reais entre as condições físicas, mentais e espirituais". Isso implica que ambos os elementos em jogo estão dentro do homem, e não um deles no homem e o outro em algum lugar lá em cima, no céu.

Se não é assim, podemos indagar, evidentemente, de que forma o culto da oração do homem moderno e "inteligente" deriva dos hábitos da beatice tribal primitiva, na qual as orações, encantamentos e outras formas de magia eram invocados para influenciar poderes exteriores ao homem e acima dele. Agora afirmamos que tais coisas foram "superstições primitivas". Ainda assim, o deão admitiu que a razão da prece pela chuva ainda era considerada como elemento das cerimônias do Dia da Oração. Preces para influenciar deuses são agora um tabu; contudo, as tácitas pretensões delas ainda se emboscam nas preces de hoje. Quando isso se tornará um exercício de autocultura espiritual?

A influência prejudicial da oração atinge, talvez, seu ponto crítico de desserviço em sua desastrosa inibição do impulso do homem para a ***ação*** aberta em todas as contingências em que a ação resoluta for crucial. Ela conflita com os mais genuínos interesses do homem quando o persuade a rezar, em vez de agir. Quando a oração intervém para paralisar o espírito de resoluta autodiligência, e leva o homem a se conservar como um mendigo incapaz, quando a ação imediata seria a única salvação, ela se torna, entre todas as coisas, a mais prejudicial. Os componentes da Cavalaria de Cromwell rezavam antes de ir para uma batalha, ou rezavam ao atacar o inimigo. Em que medida suas orações contribuíram para as vitórias obtidas é coisa para se deixar às conjecturas. Mas em que teria sido alterado o curso da história se eles não tivessem lutado, porém apenas rezado? A contestação, aqui, é sobre o hábito de a prece levar os homens a ***substituírem a ação necessária pela prece***, o que é causa de incalculáveis males, destruições, derrotas e tragédias, no curso da História. A oração dá à covardia um valor especioso, ou oferece um recurso tentador para isso. E a humanidade sofre as conseqüências de seu malogro no agir.

Há ocasiões, nos afazeres dos homens, em que eles devem partir para um resultado imprevisto, ou perder a oportunidade para sempre. Registra-se um desastre quando a oração paralisa a iniciativa espiritual e inibe a ação. O desaquecimento da ação decisiva apenas torna mais desesperadamente necessária a ação posterior. Ao fim, o homem que se contentar com a prece, quando devia lutar, deve cair sob a condenação moral de todos os mais heróicos instintos da nossa natureza. A alma é enviada à Terra para tirar partido do encontro com as exigências da experiência. Se ela procura esquivar-se das provações penosas através da prece, perde e desperdiça a própria essência de sua experiência instrutiva. A ***Revelação*** promete suas sete recompensas "àquele que vence", e não àquele que reza. Não há oração ou desejo santificado que possa evitar para as almas a necessidade de aprender e obedecer às leis organizadas para a sua evolução. A prece opera no nível mental ou psíquico. O que se deve seguir, para tornar reais as concepções é a ação autogerada. A vida, na verdade, atribui penalidades ao fracasso em expressar concepções ideais à sua forma final de realização concreta. O mero sonhador, o idealista, o visionário, sofre o destino da negação e da eterna futilidade. A continuidade desse estado levará a uma vida de irrealidade, a neuroses e, finalmente, à doença. Na verdade — afirma o ***Baghavad-Gītā*** — a ação é melhor do que a inação, do que o sonho, do que o desejo.

A lição envolvida neste plano é, realmente, desafiadora. Leva consigo a compreensão de que saúde, equilíbrio e felicidade só podem fluir de uma vida de esforços para fazer com que as visões, as esperanças e os ideais se realizem de forma concreta. A alma que se atormenta eternamente com desejos e sonhos — e com orações — e não vai ao limite do esforço ativo para realizá-los será sempre punida por perder aquelas saudáveis influências que emanam somente da ação resoluta e positiva. Ela jamais gozará a satisfação de colher a devida recompensa vinda dos ricos frutos do esforço. Nada terá criado que possa observar e declarar bom. Quem reza e não age não está em harmonia com o espírito criativo do Universo.

Depois, se o desempenho é a medida conclusiva do sucesso, surge uma indagação: pode a prece ter valor, seja ele qual for? Se o determinante final é a ação, a prece não pode ter senão uma utilidade incidental e de pouco valor, para ser estudada em psicologia. Todas as experiências conscientes da raça testemunham o decisivo valor da ação e o incerto valor da prece. A feliz repercussão que vem da diligência vigorosa é infinitamente mais satisfatória do que a devota luta da oração. É possível esperar-se que Deus seja levado a dizer seu decisivo: "Bom trabalho fizeste, tu, bom e fiel servidor", se o servidor nada fez senão rezar? É de se supor que Deus recompense um homem por nada mais senão por aquilo que o próprio Deus fez por ele?

Os inteligentes egípcios da Antigüidade chamavam ao corpo humano de o "cadinho da grande casa da chama". Os fogos mesclados dos quatro graus de consciência, sentido, sentimento, mente e espírito, inflamam-se em um constante "queimar" no corpo do homem, e o produto é determinado com tanta certeza pela natureza e propriedades da mistura como o é qualquer composto num tubo de ensaio. A verdadeira ciência da psique seria a que proporciona um conhecimento pelo qual uma pessoa misturaria os elementos apropriados na proporção adequada. Portanto, é tão inútil para um mortal fazer orações visando a outros resultados que não aos que a lei da química divina prescreve a partir da mistura, como seria para um químico rezar para que certas combinações dessem resultados diferentes do que os conhecidos.

A religião tem sempre tentado persuadir que as forças da fé e da oração sobrepujarão as leis da Química e da Física, e realizarão milagres. Fenômenos sem fim têm sido alegados e citados para justificar essa alegação. Alguns deles parecem formidáveis e servem como prova irrefutável a muitas pessoas. Sustentamos aqui que seria uma tragédia se forças especiais da fé e da beatice, da taumaturgia ou da feitiçaria, ou de qualquer tipo de mascarada psicológica ***pudesse*** alterar, negar, ou modificar as leis da Natureza.

Que tais forças pareçam ter sido liberadas para contrariar as leis da Natureza propõe um problema, para o qual uma surpreendente solução está bem à mão, num fenômeno bem conhecido mas nunca avaliado em sua integral significação. A opinião geral do mundo apóia a convicção de que as forças da Natureza podem ser dominadas ou anuladas pela fé, pela credulidade e pela extravagante esperança ou pelo intenso anelo. Portanto, devemos imaginar que ali opera algum poder que induz à ***crença*** de que tais maravilhas aconteceram. Deve haver algo que engendra a persuasão de que tais coisas extraordinárias realmente acontecem. Esse agente de convicção é revelável em algum lugar? Surpreendentemente, é possível declarar que um poder, que exerce essa função, tem estado em atividade patente e é amplamente usado. Esse espantoso poder é o ***hipnotismo***. Ele é tão mágico em sua eficácia que pode retirar uma mente do mundo onde ela normalmente funciona, e projetá-la num outro mundo, em que a mera sugestão da presença de um objeto faz desse objeto uma coisa de inteira realidade! Um poder que pode alucinar de tal forma a psique humana deve ser imaginado como o verdadeiro impostor em coisas tais como curas "miraculosas", curas providenciais e fenômenos religiosos de tipo espetacular. É extremamente estranho que esse poder, muito facilmente ativado pela fé simplória, não tenha sido reconhecido como o denominador comum, o fator causal e universal de todo um catálogo de prodígios religiosos.

Com toda a probabilidade, o hipnotismo é função contínua de uma faculdade consciente desenvolvida pela vida, no passado, quando do nosso estágio animal da evolução humana, aparentemente para fazer as espécies mais fracas, presas de inimigos mais poderosos, insensíveis à dor da destruição física, quando a Natureza tinha "dentes vermelhos e garras de rapina". O pássaro que se visse ante os olhos redondos e parecidos a contas de uma serpente furtiva, ou que se visse indefeso entre as patas de um gato, ou o camundongo que se encontrasse bem próximo do seu devorador felino, e fosse transportado, pela dominadora força do puro terror, a um estado de superconsciência além do normal, estaria, de fato, sendo transportado para a região da consciência da morte antes de sua real morte física, condição que era chamada "fadado a morrer" (morto), particularmente pelos escoceses. Nesse estado exaltado de consciência, eles passariam pela agonia da morte não só em estado de completa insensibilidade, como, quase certamente, em êxtase orgiástico. Assim, gerado no desenvolvimento psíquico do corpo, ele perdura ainda como potencialidade subjacente na consciência humana, e pode ser introduzido para nos tornar insensíveis à dor e, assim, iludir os que, dessa forma, são afetados, dando-lhes a ilusão de que sua dor, ou doença, foi curada.

O conhecimento verdadeiro do potencial aparentemente miraculoso da psique revelará a fatal refutação de todas as piedosas crenças nesse campo. O que disso surgirá, como uma grande mercê, será a certeza de que nenhuma vitória verdadeira poderá ocorrer a uma pessoa através do hipnotismo. Não poderá haver realização, ganho ou progresso real para o ego individual, até que, inteiramente consciente, ele próprio se torne o senhor e o manipulador de todas as suas forças psíquicas. Enquanto o homem não obtém ganhos pelo seu próprio poder, por seu próprio e inteligente autodomínio, seus ganhos não serão reais. Ninguém pode beneficiar-se, decididamente, através dos esforços ou a expensas de outros. Nada se conquista que não seja ganho pelo ego individual em seu direito próprio. Ninguém colherá onde não semeou, cultivou, regou. Hipnotismo e histeria podem forçar a impressão de muitas coisas irreais. Só os obscurecimentos da deformidade religiosa têm impedido a sadia inteligência humana de discernir essa verdade vital. Até as Escrituras afirmam que nem um ponto nem um título da lei serão reduzidos enquanto todos não se completarem.

O homem não precisa de outra demonstração do poder de Deus, pois ele é a maravilha de cada dia e de cada noite. A sempre importante e categórica necessidade é a de que o homem veja o ***seu*** poder desdobrar-se para um grau maior. A oração mantém essa poderosa força escondida, não exercida, não extraída. A evolução é apenas uma lenta e cega derivação, até que o estágio da ação inteligente, auto-iniciada, seja alcançado em cada vida. "Meu Pai trabalhou até aqui, e eu trabalho" — recorda-nos a figura de Cristo em drama antigo. O Pai trabalha em seu cosmos — quando não é interrompido pelas orações — e nesse cosmos somos unidades celulares. Imitando-o, devemos trabalhar em nosso microcosmos, e unidade alguma pode fazer o trabalho de outra.

Se os milhões de preces enviadas à divindade para que nos livre de uma III Guerra Mundial forem "atendidas", as influências que terão determinado esse feliz resultado hão de ter sido geradas pelos esforços físicos de milhares de homens em campos de batalha. Os que fazem tratados não registram os seus termos baseados em orações. Seus entendimentos apóiam-se em ***faits accomplis*** pelo valor da ação. George Washington, ao que se diz, rezou em Valley Forge, mas foram as suas duas e súbitas arremetidas em Trenton e

Princeton que mudaram o curso dos acontecimentos. Ele não substituiu a ação pela prece. Prece, sem ação, teria deixado sua causa aberta à derrota. A lei e a ação produzem a música pela qual os acontecimentos dançam. Toda religião sensata tem feito, claramente, distinção entre a "oração da boca para fora" e a "oração vivida" na ação. O orar deve integrar-se no viver.

Este trabalho apresenta uma ação contra a prece. Ele é, forçosamente, incompleto. Contudo, parece forte o bastante para sugerir a irrefutável necessidade de revisão de uma religião que durante séculos vem mantendo seus partidários sob o domínio do espírito de mendicância. Com crescente insistência, declara-se, no domínio da psicologia, que a religião é, predominantemente, "um mecanismo de escape". Que verdade haverá nisso? A Terra tem sido descrita, na religião, como um lugar de tribulação e sofrimento. Por contraste, o Céu tem sido universalmente imaginado como "um lugar", mais propriamente um estado, no qual a consciência é animada, exultante, extática. Se essas opiniões tomaram forma e cor como resultado de uma lembrança subconsciente da alma quanto à sua vida antecedente, celestialmente feliz, e sua infeliz e atual experiência na Terra, deve haver, realmente, algum campo inconsciente (porque agora temos encontrado campos para as nossas motivações em certas regiões "inconscientes" de nossa psique) para o anseio de fugir ao duro desgaste da existência corpórea, usando o recurso da oração, do milagre, da magia. Os contos de fadas em reinos encantados, onde o movimento de uma varinha mágica pode criar encantamentos adoráveis, devem ser a dramatização da nossa vida celeste, inconscientemente lembrada. E se, como aqui se sugere, essa nostalgia nasce da recordação da nossa hipnotização precedente, tão mágica e beatificamente sentida em nosso passado estágio animal, há nisso, pelo menos, uma base de compreensão para a inveterada tendência a perpetuar o irracional e inútil culto da oração.

Torna-se, então, um assunto para a Psicologia o determinar até que ponto isso está conforme com o plano e o propósito da evolução; se o progresso do homem o trouxe à situação em que deve resistir à ativação hipnótica e dominá-la. Cabe à Filosofia decidir a questão entre a fuga psíquica dos realísticos rigores da vida, através do refúgio na esperança e anelo pela divina cessação deles, e a possível vitória a ser obtida pela alma que enfrenta o desafio da dura realidade, no nível normal de consciência. O mais sábio dos filósofos deu o veredito para o lado que enfrenta o mundo rigoroso com integral realismo, afastando os caminhos de fuga para o inconsciente. São Paulo diz que combateu o bom combate, terminou seu trabalho e conservou a fé e, através disso, ganhou a coroa da imortalidade. Os gregos chamavam a esta vida de o "Ciclo da Fatalidade". Se suas funções de beneficência têm de ser executadas, suas conseqüências têm de ser encaradas com inteiro realismo e com abertura da consciência, e não evitadas pelo refúgio na inconsciência. Procurar refúgio no recurso da prece deve ser considerado algo anti-evolucionário e inútil.

Desse modo, por mais aberrante que a religião possa parecer no que diz respeito à oração, talvez ainda mais grave seja a denúncia que se pode levantar contra ela a respeito de sua posição nos casos de cura. Tratamentos e curas "milagrosas" têm mantido um lugar de significação e de valor tão alto quanto a oração. Realmente, demonstrações de curas se têm tornado quase ***de facto*** a evidência do aval divino aos cultos que podem produzi-las. Qualquer chefe, grupo ou sistema de religião que possa citar uma série de tratamentos e curas mantém-se demonstravelmente digno de crédito para a mentalidade geral. Se uma religião puder, ***a la*** Cristo, curar os doentes, fazer os aleijados andarem, expulsar demônios, devolver a visão aos cegos, passa a ser como que garantida por Deus. Ligue-se uma cura a qualquer determinado culto filosófico e ele se torna cosmicamente autenticado.

A voga dessas hipóteses ilógicas brotou, inquestionavelmente, do suposto registro dos milagres de Jesus, segundo os Evangelhos. Ganhou, porém, maior aceitação por causa dos inumeráveis fenômenos de igual caráter reivindicados pela história do culto religioso, em todos os tempos. Deixando de lado o fato demonstrável de que esses chamados "milagres" dos Evangelhos foram registrados nas grandes pesquisas de Massey e de alguns outros, nas velhas alegorias egípcias, e não são história, em nenhum sentido, e sim descrições do potencial da história espiritual para todos os homens, até o presente parece haver suficientes fatos verídicos na história do culto religioso para dar à mente humana alguma garantia quanto à suposição da realidade do fenômeno.

Defensores do culto da cura podem argumentar que curar pessoas seria função da religião. Vamos imaginar que isso seja verdade. A questão, nesse caso, é — como? Por milagre? Ou pelo resultado de um movimento de consciência cristã no coração e na mente da pessoa? Muito da vida humana e do destino depende da resposta verdadeira. Em nossa exposição anterior foi afastado o milagre. O milagre que o homem precisa reconhecer e efetuar em sua própria vida é o milagre, perpetuamente determinado, da natureza da lei divina. Qualquer "milagre" que venha através da subversão da lei natural é uma calamidade — se é que isso *pode* acontecer. Coisas estranhas e extraordinárias, que burlam, *aparentemente*, a lei natural, podem acontecer. Mas acontecem sob o influxo da lei. O homem pode não conhecer a lei e, por isso, chama de milagres a essas coisas. E, enfrentando-nos, está a compreensão, se quisermos atentar para as suas implicações, de que coisas estranhas e extraordinárias também acontecem sob o hipnotismo.

Com essa declaração, entra em debate talvez a pista mais inesperada e significativa para a solução do antiqüíssimo mistério dos extraordinários fenômenos religiosos. É uma singular circunstância que a quase completa similaridade entre os fenômenos da religião e o processo do hipnotismo tenha até agora passado despercebida. Podemos, com razoável segurança, dizer que aproximadamente todas as curas "milagrosas" da história religiosa foram reproduzidas por intermédio do hipnotismo. O mundo religioso, todavia, tem sido lento na aceitação da hipótese de que duas coisas possam ser devidas à ação de um mesmo poder.

Tem sido muito repetida a declaração atribuída a Jesus, nos Evangelhos, dizendo que a interferência dinâmica em suas maravilhas em matéria de cura era a ***fé*** dos que se curavam. "A fé te fez perfeito." Com a força dessa declaração, a fé foi virtualmente elevada, nos livros de culto espiritual, como o grande princípio central da ciência religiosa. Basta ***acreditar***, por muito tempo e com bastante firmeza, e a intensidade da força psíquica assim gerada materializará a coisa que desejamos. Se tivéssemos bastante fé, poderíamos remover longínquas montanhas — dizem as Escrituras.

A resposta a isso é a mesma apresentada no caso das afirmações quanto à eficácia da prece: se todos os que rezam pudessem ser realmente atendidos, ou todas as inspirações da fé pudessem dar forma concreta às coisas desejadas, ***haveria um caos no mundo***. Porque os milhões de objetos, pela posse dos quais se reza, iriam chocar-se, em interminável confusão. Infelizmente para o culto espiritual filosófico, mas felizmente para a humanidade, tanto a oração como a fé — que realmente são, em essência, duas facetas da mesma coisa — estão limitadas e amplamente negadas pela inviolável lei natural. Para Deus, atender a todas as orações e tornar concretas todas as projeções da fé seria o equivalente à abdicação de todo o seu governo e a entrega do mundo aos caprichosos desejos da massa humana. Tanto as orações como as filosofias da fé assumem tal coisa como uma possibilidade real ou, em última análise, arriscam isso, logicamente. A oração espera que Deus dance enquanto tocamos a flauta para a nossa balada. Damos-lhe ordens, praticamente, e fazemos dele um servidor nosso. Assim, nas implicações tácitas de ambas essas forças do esquematismo religioso, o homem passa a representar dois papéis inteiramente opostos e positivamente inconsistentes: ele é, ao mesmo tempo, o verme sem valor, que rasteja aos pés de Deus, e o ditador presuntivo em relação a Deus, em relação aos termos com os quais Deus deveria abençoá-lo. Aqui devemos ver o absurdo básico dessas conjecturas religiosas. As crianças, às vezes, conseguem da autoridade dos pais o que desejam, chorando e implorando. Um caráter fraco domina, às vezes, através da declaração de sua extrema fraqueza. A religião ainda constrói a partir dessa analogia no relacionamento do homem com Deus. Já não é tempo de pôr de lado essas coisas infantis?

Se as curas religiosas são, realmente, uma forma de hipnotismo e se fica provado que, nesse caso, a fé vem a ser o elemento dinâmico, teríamos a demonstração de que a fé é um poder hipnotizador. Se for descoberto que essa é a verdade, teremos descoberto o nexo entre os fenômenos da religião e uma verdadeira ciência psicológica. Essa é uma tarefa para a psicologia moderna, e ela apresenta para a humanidade a chance de levar conhecimento e sanidade aos pareceres das superstições religiosas velhas de séculos.

O ponto essencial da principal acusação que se pode fazer contra o culto em religião é o seu óbvio desdém pelo princípio kármico da justiça, a grande lei da compensação e do equilíbrio anunciada nas grandes Escrituras do mundo. "Assim como semeares, colherás." O devoto religioso, dominado pela idéia espiritualmente romântica de ser curado por um milagre, ou pelo toque direto da mão de Deus, considera que qualquer pessoa necessitada de tratamento está em condições de recebê-lo, ***independentemente de seus méritos***. Tal como se pode esperar que seja, a cura, considerada como um milagre, despreza a lei da justiça na relação entre causa e efeito, e realmente não toma conhecimento algum dela, seja como for. Pretende-se, claramente, que a reserva de bondade de Deus seja tão superabundante em sua carga que transbordará, em extrema prodigalidade, sobre todos os desventurados sofredores. Sob tal espírito, será considerado gesto dos mais rudemente profanos introduzir no caso a questão do mérito. Citam-se as Escrituras para dizer que Jesus convidou ***todos*** a virem em busca de cura. E realmente é possível dizer-se que ele pareceu parcial na distribuição de seus benefícios mágicos pelos que menos pareciam estar em condições de merecê-los. Quanto mais miserável era o suplicante, maior e mais copioso era o benefício.

Se esse sofisma mental for aceito — e a história eclesiástica evidencia que ele é quase universal — então ele coloca a divindade, claramente, no papel de zombador de seu próprio princípio de moralidade, expressamente anunciado, e que é a segurança de uma inviolável ordem moral no mundo. Disse Kant: "Duas coisas enchem a mente com sempre nova e crescente admiração e respeito, quanto mais tempo e mais profundamente refletimos sobre ela: os céus estrelados, que estão acima, e a lei moral interior." Se a lei moral é, assim, decisivamente sancionada na consciência do ser humano, tal autoridade deve nascer do fato de ser ela a contrapartida, no homem, da mesma lei universal da mente cósmica. Se a lei moral é sagrada para o homem, deve ser ainda muito mais infinitamente sagrada para Deus e, portanto, inviolável. Não se pode supor, logicamente, que Deus possa romper, ignorar ou deixar de lado o seu próprio e invencível princípio de justiça cósmica. Ele não pode conceder bênçãos indiscriminadamente. Ele não pode permitir a ninguém que venha a colher o que não semeou. Ele não pode, levado por compaixão, zombar das leis da Química. Não pode derramar bênçãos sobre alguns e ignorar outros. Não é possível, simplesmente, pensar numa divindade assim tão ardentemente compassiva que chegue a derramar prodigamente suas bênçãos, sem um bom julgamento apoiado em algum princípio de direito.

Que o fato dessa visão da "cura divina", ou espiritual, chegue à mente de milhões de pessoas condicionadas pelo caráter sagrado de todas essas coisas, como um terrível sacrilégio, chocante para sensibilidades piedosas, é um índice bem forte para mostrar como as inculcações religiosas têm nublado por completo o firmamento mental dos crédulos mortais. Muitos indagariam, indignados: "Por que Jesus deixou de consultar os méritos da pobre gente sofredora, que era a multidão dos seus seguidores?" O poder de curar projetou-se de sua força divina e tragou a todos. Se assim foi, então é preciso que nos digam o que foi feito da grande e santificadora lei moral, que também está nas Escrituras, e que Deus estabeleceu para distribuir justiça absoluta, sem a anulação de uma vírgula ou de um pontinho de sua rígida eficácia. Aqui temos, subentendida, a pergunta que é nada menos do que extremamente importante para toda a humanidade — o divino amor, em qualquer ocasião, passou por cima da lei moral? Se a religião nos levasse a acreditar que ele fez isso, teríamos um choque entre dois aspectos igualmente santificados da divindade, o amor e a lei, e ambas, tanto a lógica como a divina reverência, revoltam-se contra essa possibilidade. Se o amor divino e a lei divina não podem chegar a um acordo harmonioso, teremos de novo o caos nos caminhos do mundo. Não é vital, para o bem-estar da humanidade, que o nosso respeito pela lei moral seja tido como tão sagrado quanto o nosso respeito pelo princípio do amor?

Devemos insistir em que, se o amor surge para inibir ou anular a lei de causa e efeito, a lei moral está, de imediato, completamente anulada e incapacitada para realizar sua função específica. Se algum suposto poder superior pode interpor-se entre um ato e suas legítimas conseqüências, está perdida para sempre a possibilidade de a vida manter suas atividades sob o reinado da ordem e da justiça. Mais uma vez, o caos deixará de se manter acorrentado. A vida, a lei, a justiça e, eventualmente, o próprio amor, estarão indefesos para realizar seus propósitos. A qualquer momento, os impulsos arbitrários do amor podem entrar para romper a corrente do encadeamento lógico.

Piedosos beatos manteriam a asserção de que em qualquer domínio o violador da lei benéfica escaparia da penalidade? Como poderia, mesmo uma providência divina, manter ordem em seu universo se não mantivesse a mão direita pronta para corrigir a desobediência? A fanática adesão às curas indiscriminadas torna a pessoa logicamente comprometida com a sanção ao rompimento da lei. Ela aprova o princípio de que os maus efeitos dos erros cometidos durante anos, ou de uma vida errada, não têm conseqüências e podem ser completamente apagados da lousa registradora da vida, se apenas pelo local passasse um homem que curasse com seu toque mágico. A doutrina do perdão dos pecados leva consigo idêntica conotação.

Para trazer as conclusões subentendidas a uma luz mais clara, o assunto pode ser ilustrado de forma mais concreta. Se as pessoas têm de ser curadas, é necessário que estejam doentes, perturbadas ou deficientes em seu físico. O zelo piedoso da cura não cuida de avaliar a vida passada que levou a pessoa a essa má condição. A magia do amor, ou o amor da magia, varre tudo isso para longe. Consideremos uma pessoa que se tenha tornado presa do reumatismo, da artrite, da pressão alta, da arterioesclerose, do diabetes, do câncer, ou de qualquer outro mal. Obviamente, isso não é apenas uma chance, um mau destino ou cólera divina, mas, diretamente, o resultado — na vasta maioria dos casos — da alimentação errada, da entrega à intemperança ou, seja como for, de alguma violação das leis que governam o delicado equilíbrio da economia do corpo humano.

A esta altura, torna-se decisivamente imperativo que rompamos as paredes de cegueira piedosa que rodeiam essa situação, e encaremos as verdadeiras conclusões envolvidas, que requerem a colocação de uma pergunta — que também se ressentirá de carolice —: "Que direito tem a pessoa que sofre as conseqüências diretas da violação da lei de pedir que seja curada, mediante alguma mágica exterior, sem que se cuide de qualquer modificação nas ações ou da cessação de seus maus hábitos de violador da lei?" Simultaneamente a essa ocorre outra pergunta, igualmente repulsiva para o sentimento do beatismo: "Que direito teria uma personagem divina, como Jesus, de intervir e injetar seu poder sobrenatural na vida ou no corpo desse violador das regras do reto viver?" Assumindo esse direito, ele se teria tornado conivente na violação da lei, um instigador desse errôneo viver, intervindo para salvar um transgressor da lei das justas conseqüências de sua ação. Estaria ajudando e encorajando a violação da lei. Isso forma a anomalia de todo o código de cura de tantas crenças, que, na verdade, têm afastado milhões de pessoas dos templos de tão ilógica religião.

É uma verdade, provavelmente, dizer que os maus hábitos alimentares e as distorções da mente induzidas por esses hábitos — coisas que constituem a base psicossomática da doença — são a causa de noventa por cento das moléstias e males humanos, tanto do corpo como da psique. Como deve ser aberrante, então, a forma de pensar dos seres humanos que continuam em busca da intervenção de algum poder "divino" ou de alguém que "cure" as anormalidades produzidas, em lugar de se dar ao trabalho de erradicar a causa-raiz, a alimentação errada? Em nosso esforço para curar esses males, vamos nos comprometendo com o absurdo de estar num mundo cuja causa não pode ser encontrada. Procuramos a cura através de uma força estranha que não tem qualquer conexão com o assunto. Se essa não é a mais inominável forma de superstição religiosa jamais encontrada na sociedade "primitiva", seria difícil encontrar uma que a ultrapassasse.

A grande conclusão básica de tudo isso deve ser encarada e não será honestamente cumprida enquanto não expulsarmos as falsas idéias dos fanáticos da religião, fazendo uma pergunta rude e dura: "Que direito tem o ser humano violador das boas leis da vida de esperar uma cura proveniente de uma fonte exterior?" A vida aparelhou muitíssimo bem suas criaturas, dando-lhes poderes de autocura. As exigências da vida estão destinadas a desenvolver o poder da criatura para usar esses recursos. Se a religião persiste na sua afirmação de que há o direito de ser curado externamente, então devemos lamentar, com tristeza, a derrocada do equilíbrio moral da vida do mundo. Algum dia teremos de fazer nossa escolha entre essas duas posições. Aprenderemos a amar a lei e a procurar a felicidade no ato de obedecer a seus ditames, ou insistiremos no nosso direito de violar a lei, e então correr para o homem dos milagres, a fim de escapar das suas conseqüências? Se, por milagre, ***podemos*** esquivar-nos às conseqüências, a ordem moral da vida ficará reduzida a fragmentos. Felizmente, para o homem, deve ser verdade que lei alguma da vida ***pode*** ser violada impunemente.

Se os mortais estão em posição de cometer crimes contra a Natureza e, depois, apelar para uma divindade ou para seu depositário autoconstituído, e, com súplicas ou pagamentos, considerar integralmente pagas as justas conseqüências, onde estaria a integridade do Universo? Essa foi a conclusão, robusta e suficientemente genuína para encorajar a Reforma Protestante. Não será tempo de os próprios protestantes — e todos os outros — se levantarem em protesto contra a ardilosa, insidiosa continuação da mesma influência traiçoeira que se mascara atrás do disfarce da oração e da cura? O grande médico enviado para curar os males do homem mortal é o poder de Deus no próprio homem. O homem deve curar-se por si mesmo, através da divindade que está nele.

A carga seguinte contra a arrogante presunção do culto da cura é o fato de que, se tal cura *fosse possível*, a vida sob a lei ficaria privada de sua função e de seu poder educativo. Isso significaria uma verdadeira tragédia, de novo perturbando a estabilidade moral do mundo. A vida não nos pode levar avante, a não ser que nos ensine e esclareça. Somente imprimindo a fogo em nossa consciência quais são as conseqüências do nosso pensamento e da nossa ação é que a vida nos pode instruir. Se uma influência se interpõe para cortar o vínculo entre a ação e a conseqüência, a natureza não nos pode educar. O poder pedagógico é arrancado das suas mãos, sua vara disciplinadora é roubada. Ela não pode fazer para nós as suas demonstrações. Perde o controle da sua escola, e seus alunos entram desordenadamente em tumulto. Eles descobrem que não precisam prestar-lhe obediência. E é o caos.

A Natureza, entretanto, não pode resignar-se à perda da sua prerrogativa de mestra, e mantém-se no comando. Acaso a vida deve ceder ao capricho da natureza humana e de uma fictícia magia religiosa? Isso é inimaginável. Entretanto, os templos de todas as religiões apóiam-se sobre o impossível fundamento da oração e da cura. Jamais houve poder mental competente, exercido nos conselhos do culto religioso, para discernir a anormalidade lógica que é manter as afirmativas feitas para a oração e para a cura, ao lado da doutrina da estrita justiça no domínio cósmico. Justiça e cura verdadeiras não podem ser tidas como incompatíveis. Ainda assim, elas têm sido colocadas quase que em mútua oposição.

O que se deve observar é que a cura, se realmente acontece, se não é puro mesmerismo, deve acontecer sob formas que estejam inteiramente de acordo com a lei natural. A Natureza deve ser levada a fazer aliança com a cura e não deve ser vista na situação de uma inimiga que é necessário combater.

Pode considerar-se como quase certo que a cura vinda do exterior não obtém vitórias, não proporciona ganhos, não marca progresso no que concerne ao indivíduo. Não pode haver uma real delegação de funções no mundo da vida. (A idéia popular de expiação indireta é apenas um desvirtuamento exoterizado do verdadeiro sentido esotérico que existe nisso.) Nenhuma unidade viva pode realizar o trabalho de evolução para uma outra, porque somente o que suporta as fadigas e as tensões pode colher a instrução. Se o centro individualizado de energia vital não registra os seus próprios ganhos, estes simplesmente não existiram. A parcialidade e a injustiça se instalariam na economia da vida, se fosse de outra forma. Se alguém se "curar" pelos ofícios de outrem, essa cura desaparecerá, e a verdadeira cura ainda teria de ser feita pela própria entidade. É admissível que se pense na possibilidade de que outros nos ajudem a ***aprender como*** obter nossos próprios ganhos. Entretanto, somente essa unidade pode fazer o trabalho.

A moderna compreensão e a técnica psicanalista têm caminhado muito para levar a esse vasto campo os princípios de uma ciência psicológica definida. O bom efeito desse trabalho já tem sido o de trazer para o mundo aberto, de caráter puramente secular, toda uma série do que até hoje era considerado como fenômenos religiosos especiais. Nada há de realmente religioso neles. Eles podem ser classificados sob as leis que governam a operação da consciência. Devemos esperar que o aperfeiçoamento maior do conhecimento e da técnica em psicologia venha a diminuir a área ainda persistentemente ocupada pela magia religiosa, ampliando o campo da ciência secular conhecida. Os ganhos registrados na diminuição da histeria e da crença em sobrenaturalidades angélicas ou demoníacas, e no aumento da sanidade e do equilíbrio na religião, serão incalculáveis.

Há, naturalmente, uma cura espiritual, que é aquilo que a religião deveria ter inculcado, em lugar das híbridas e espúrias afirmações do culto, que têm alucinado as massas. A realização desse culto autêntico, entretanto, exige o conhecimento e o talento técnico de um humanismo confiante e corajoso e uma sólida fé no próprio homem como agente plenipotenciário de todo o poder divino necessário para a sua salvação. Do ponto de vista humano, o processo é bastante elementar. Envolve, simplesmente, o desenvolvimento de uma inteligência suficiente para deter a violação da lei benéfica e o disciplinar-se para obedecê-la. Isso significa aprender a viver corretamente. Em religião, a implicação tácita de que qualquer outra forma, mais rápida e mais fácil do que essa, está disponível, é uma ilusão vazia e deve dar lugar à crescente sabedoria. Uma ciência religiosa, construída no conhecimento das forças que operam na psique humana, sem a injeção de uma magia vinda de fontes externas, eis o que é indicado como a verdadeira ciência espiritual de uma humanidade esclarecida.

Porque essa ciência encara a presença, dentro da própria constituição do homem, de um poder germinador de divindade. Esse poder foi colocado como semente da própria essência de Deus no canteiro do jardim da natureza do homem. Ela deve desenvolver-se, do estágio de semente até a maturidade, sob as influências tutelares da experiência terrena, que põe em funcionamento suas poderosas funções. Sendo esse princípio paulatinamente desdobrado na vida individual, ele inicia o *seu* ofício de curar. Suficientemente mágica é a sua força para curar nossos males, restabelecendo-nos. Todos os "milagres" dos Evangelhos e de outras Bíblias antigas de respeitável autoridade são alegorias que dramatizam a força do poder interior de Deus para curar os males do homem. Descobertas sensacionais dos estudos e do saber dão, agora, autenticidade a esta afirmativa. Quando o homem deixa de pedir infantilmente que Deus realize milagres para ele, e volta-se para o cultivo dos poderes divinos adormecidos dentro do seu próprio templo de conhecimento, encontra, finalmente, a ajuda, o conforto e a vitória que pretende obter.

Se as orações fossem atendidas, como se crê, e as curas fossem realizadas, como se proclama, haveria um perpétuo caos na vida do mundo. Felizmente, as benéficas leis da vida prevalecem.

Editora Pensamento
Rua Dr. Mário Vicente, 374
04270 São Paulo, SP
Fone 63-3141

Livraria Pensamento
Rua Dr. Rodrigo Silva, 87
01501 São Paulo, SP
Fone 36-3722

Gráfica Pensamento
Rua Domingos Paiva, 60
03043 São Paulo, SP
Fone 270-3033